50 dessins de chevaux

50 dessins de chevaux

Apprendre à dessiner étape par étape les chevaux sauvages, les poneys, les chevaux arabes, les pur-sang, les chevaux de trait, etc.

Lee J. Ames

VIGOT

Dans la même collection
du même auteur...

- 50 dessins de chevaux
- 50 dessins de chiens
- 50 dessins de dinosaures et autres animaux préhistoriques
- 50 dessins de chats
- 50 dessins d'animaux marins
- 50 dessins d'animaux à protéger
- 50 dessins de fleurs, d'arbres et autres plantes
- 50 dessins d'insectes et araignées, scorpions, etc.
- 50 dessins de voitures, camions et motos
- 50 dessins de personnages
- 50 dessins de véhicules

Dépôt légal: janvier 1998 - ISBN 2 7114 1236 9
Imprimé en Espagne.

Au lecteur

Ils sont tous là — les Broncos (cheval sauvage de l'Amérique) les Arabes, les pur-sang, dansants et caracolants. En suivant les instructions simples et pas à pas, vous pouvez les dessiner.

Commencez par rassembler votre matériel. Vous aurez besoin de papier, de crayons gras (2B), et d'une gomme tendre (disponible dans les magasins spécialisés dans les articles de dessin). Vous pourrez aussi utiliser de l'encre de Chine, un pinceau, un stylo fin, un feutre fin ou un stylo bille.

Ensuite, choisissez l'un des chevaux... vous n'êtes pas obligés de commencer par la première illustration. En dessinant, souvenez-vous que les premières étapes — qui forment la base du dessin — sont les plus importantes. Si celles-ci ne sont pas justes, le résultat final sera distordu. Donc, suivez ces étapes très soigneusement et faites des traits très légers. Dans ce livre, ces étapes sont montrées d'une manière plus foncée que vous devez les dessiner, afin de les voir clairement. Vous pouvez éclaircir vos lignes en les tamponnant avec la gomme tendre.

Avant de commencer l'étape deux, assurez-vous que la première étape soit précise. Pour vérifier la précision du dessin, tenez-le devant une glace. L'image renversée vous donne un nouvel aspect du dessin. S'il n'est pas dessiné correctement, vous remarquerez que les proportions ne sont pas respectées.

Pour renforcer le dessin terminé, passez de l'encre de Chine avec un pinceau, un stylo fin, un feutre ou un stylo bille. Lorsque l'encre sera tout à fait sèche, enlevez les traces de crayon avec la gomme tendre.

Ne vous découragez pas, si, au début, vous éprouvez des difficultés en copiant les formes dessinées. Persévérez, et bientôt vous serez capable de faire aller le crayon là où vous voulez. Dessiner, comme tout autre art, demande de la patience, de la pratique et de la persévérance.

Ce livre ne représente qu'une seule méthode de dessin. Il vous aidera à développer d'une manière agréable une certaine dextérité, et un certain contrôle. Il existe bien entendu beaucoup d'autres façons de dessiner auxquelles vous pourrez appliquer cette technique. Plus vous les explorerez, plus vos dessins deviendront intéressants.

Avis aux parents ou au professeur

Le dessin, comme tout autre art, demande de la pratique et de la discipline. Cela ne veut pas dire que vous ne serez pas récompensé à chaque étape.

Tandis que les méthodes actuelles de l'enseignement de l'art encouragent plutôt la liberté d'expression et l'expérience personnelle, on tient souvent peu compte d'une approche simple et traditionnelle : la méthode par l'exemple ; le « Suivez-moi, pas à pas » qu'on enseignait pendant ma jeunesse.

De même que l'on donne à jouer des mélodies simples et belles à un musicien débutant, le/la jeune artiste a besoin de se sentir fier(e) et satisfait(e) de son travail le plus rapidement possible. Les étapes « Faites comme moi » montrées ici donnent l'occasion d'imiter les images finies, des tableaux que le jeune artiste sera impatient de dessiner.

L'imitation est indispensable pour le développement de la créativité. Nous apprenons l'utilisation de nos outils par imitation, et une fois leur maîtrise acquise, nous sommes libres de nous exprimer comme nous l'avons choisi. L'utilisation de ce livre aidera l'enfant à acquérir des bases solides, qu'il pourra développer en choisissant d'autres livres de la série *50 dessins*, ou qui lui seront utiles pour d'autres approches du dessin.

La joie d'être capable de faire un vrai dessin encouragera l'enfant à continuer, et il se sentira encore plus fier et satisfait lorsque ses amis diront : « Pierre sait dessiner un cheval mieux que personne ! ».

Lee J. Ames

50 dessins de chevaux

1. Portrait, vue de face

2. Portrait, vue de profil

3. **Portrait, vue de profil**

4. **Portrait cabré**

5. **Portrait, marque blanche allongée**

6. **Bourrin**

Cheval arabe

8. **Percheron**

9. **Clydesdale**

10. **Morgan**

11. **Shire**

12. **Cheval du Tennessee**

13. Cheval belge

14. **Cheval de selle américain**

15. **Poney Shetland**

16. **Pur sang**

17. Przhevalski (cheval sauvage d'Asie)

18. Appaloosa

19. **Pinto**

20. **Lippizan au travail : levade**

21. **Lippizan au travail : cabriole**

22. **Lippizan au travail : piaffé**

23. **Cheval du Tennessee : pas élevé**

24. **Cheval de trait**

25. **Cheval de trait au petit galop**

26. **Cheval de trait au pas**

27. Saut 1

28. Saut 2

29. **Saut 3**

30. **Saut 4**

31. **Saut de mouton 1**

32. **Saut de mouton 2**

33. **Saut de mouton 3**

34. **Cabré, vue de profil**

35. **Cabré, vue de face**

36. **Écart**

37. Ruade

38. **Au pâturage**

39. **Debout, vue arrière**

40. Debout, vue de profil

41. **Marche, vue de trois-quart**

42. **Marche, vue de profil**

43. Trot, vue de profil

44. Trot, vue arrière

45. Petit galop 1

46. **Petit galop 2**

47. Galop, vue arrière

48. **Galop, vue de profil**

49. Poulain

50. **Cheval âgé**

Achevé d'imprimer en Janvier 1998
par Grafman S.A. • Espagne